Birds of Madagaskar
fotolulu Taschenbuch VI

Inklusive Checkliste der 302 Vögel auf Madagaskar

Impressum

Bibliografische Information der Deutschen Nationalbibliothek:
Die Deutsche Nationalbibliothek verzeichnet diese Publikation in der
Deutschen Nationalbibliografie;
detaillierte bibliografische Daten sind im Internet über www.dnb.de abrufbar.

Herstellung und Verlag:
BoD – Books on Demand, Norderstedt

1 Auflage
© 2017 fotolulu
Fotos & Text: fotolulu • www.fotolulu.de

ISBN: 9783743125209

Madagaskar ist ein Paradies für Tierfotografen und so hat es auch mich verzaubert.

In diesem Bildband möchte ich Sie auf eine kleine Fotosafari mitnehmen.

Lassen auch Sie sich verzauben von der Farbenpracht und Einzigartigkeit, der von mir fotografierten 80 Vogelarten.

Das Buch wird ergänzt mit einer kompletten Checkliste der 302 Vogelarten auf Madagaskar - deutsch, latein & englisch.

Ihr fotolulu

Afrikanischer Schwarzmilan (Milvus migrans aegyptius)

Appert-Bülbül (Phyllastrephus apperti)

Benson-Rötel (Pseudocossyphus bensoni)

Blauer Seidenkuckuck (Coua caerulea)

Blauvanga (Leptopterus madagascarinus)

Bülbülvanga (Tylas eduardi)

Coquerel-Seidenkuckuck (Coua coquereli)

Drouhard Vasapapagei (Coracopsis vasa drouhardi)

Echsenhabicht (Accipiter francesii)

Elstervanga (Leptopterus chabert)

Fanovana-Newtonie (Newtonia fanovanae)

Flußuferläufer (Actitis hypoleucos)

Gabeldrongo (Dicrurus forficatus)

Grauköpfchen (Agapornis cana)

Grünkappen-Seidenkuckuck (Coua ruficeps olivaceiceps)

Grünweber (Ploceus nelicourvi)

Halsband-Nachtschwalbe (Caprimulgus enarratus)

Hirtenmaina (Acridotheres tristis)

Hirtenregenpfeifer (Charadrius pecuarius)

Hovalerche (Mirafra hova)

Inseleule (Otus rutilus)

Kiritika (Thamnornis chloropetoides)

Kleiner Sakalavenweber (Foudia sakalava minor)

Kleiner Vasapapagei (Coracopsis nigra)

Kurol (Leptosomus discolor)

Langschwanz-Erdracke (Uratelornis chimaera)

Laubrötel (Pseudocossyphus imerinus sharpei)

Lantzbuschsänger (Nesillas lentzii)

Madagaskar Dreiband-Regenpfeifer (Charadrius tricollaris bifrontatus)

Madagaskar Graureiher (Ardea cinerea firasa)

Madagaskar Mangrovereiher (Butorides striatus rutenbergi)

Madagaskar Purpurreiher (Ardea purpurea madagascariensis)

Madagaskar-Maskarenenschwalbe (Phedina borbonica madagascariensis)

Madagaskar-Schwarzkehlchen (Saxicola torquata sibilla)

Madagaskarbrillenvogel (Zosterops maderaspatanus)

Madagaskaperlhuhn (Numida meleagris mitrata)

Madagaskarbussard (Buteo brachypterus)

Madagaskarcistensänger (Cisticola cherinus)

Madagaskarfalke (Falco newtoni)

Madagaskarfluchtvogel (Hypsipetes madagascariensis)

Madagaskargrüntaube (Treron australis xenius)

Madagaskarnachtschwalbe (Caprimulgus madagascariensis)

Madagaskarraupenfänger (Coracina cinerea)

Madagaskarreiher (Ardea humbloti)

Madagaskarrohrsänger (Acrocephalus newtoni)

Madagaskarseeadler (Haliaeetus vociferoides)

Madagaskarsperber (Accipiter madagascariensis)

Madagaskarspint (Merops superciliosus)

Madagaskarstar (Saroglossa aurata)

Madagaskarstelze (Motacilla flaviventris)

Madagaskartäubchen (Oena capensis aliena)

Madagaskarturteltaube (Streptopelia picturata)

Madagaskarweber (Foudia madagascariensis)

Madagaskarzwergfischer (Alcedo cristata vintsioides)

Meerreiher (Egretta dimorpha)

Moebis Stahlnektarvogel (Cinnyris notatus moebii)

Moniasstelzenralle (Monias benschi)

Nachtreiher (Nycticorax nycticorax)

Olivbauch-Newtonie (Newtonia amphichroa)

Regenbrachvogel (Numenius phaeopus)

Riesen-Seidenkuckuck (Coua gigas)

Rosa Flamingo (Phoenicopterus ruber)

Rostbauch-Newtonie (Newtonia brunneicauda)

Rotbrust-Paradiesschnäpper (Terpsiphone mutata)

Rotschnabelente (Anas erythrorhyncha)

Rotschwanzvanga (Calicalicus madagascariensis)

Schildrabe (Corvus albus)

Schwarzkehl-Laufhühnchen (Turnix nigricollis)

Seidenjala (Philepitta castanea)

Streifenkehltimalie (Neomixis striatigula)

Südliche Elstervanga (Leptopterus chabert schistocercus)

Südliche Graunackentimalie (Neomixis tenella debilis)

Südlicher Malegassennektarvogel (Nectarinia souimanga apolis)

SüdafriKa-Stelzenläufer (Himantopus meridionalis)

Tulukuckuck (Centropus toulou)

Wards-Schnäpper (Pseudobias wardi)

Weißkehl-Seidenkuckuck (Coua ruficeps)

Westlicher Madagaskardajal (Copsychus albospecularis pica)

Witwenpfeifgans (Dendrocygna viduata)

Zwerg-Elsterchen (Lepidopygia nana)

Checkliste
Land oder Region: Madagaskar
Anzahl von Spezies : 302
Anzahl von Endemischen : 106

Anatidae

Witwenpfeifgans	Dendrocygna viduata	White-faced Whistling-Duck
Gelbbrust-Pfeifgans	Dendrocygna bicolor	Fulvous Whistling-Duck
Weißrücken-Pfeifgans	Thalassornis leuconotus	White-backed Duck
Glanzente	Sarkidiornis melanotos	Comb Duck
Afrikazwergente	Nettapus auritus	African Pygmy-Goose
Madagaskarente	Anas melleri	Meller's Duck
Stockente	Anas platyrhynchos	Mallard
Rotschnabelente	Anas erythrorhyncha	Red-billed Duck
Hottentottenente	Anas hottentota	Hottentot Teal
Bernierente	Anas bernieri	Bernier's Teal
Madagaskarmoorente	Aythya innotata	Madagascar Pochard

Numididae

Helmperlhuhn	Numida meleagris	Helmeted Guineafowl

Phasianidae

Perlwachtel	Margaroperdix madagarensis	Madagascar Partridge
Wachtel	Coturnix coturnix	Common Quail
Harlekinwachtel	Coturnix delegorguei	Harlequin Quail

Podicipedidae

Delacourzwergtaucher	Tachybaptus rufolavatus	Alaotra Grebe
Zwergtaucher	Tachybaptus ruficollis	Little Grebe
Madagaskarzwergtaucher	Tachybaptus pelzelnii	Madagascar Grebe

Phoenicopteridae

Rosaflamingo	Phoenicopterus roseus	Greater Flamingo
Zwergflamingo	Phoeniconaias minor	Lesser Flamingo

Spheniscidae

Südfelsenpinguin	Eudyptes chrysocome	Southern Rockhopper Penguin
Nordfelsenpinguin	Eudyptes moseleyi	Moseley's Rockhopper Penguin

Diomedeidae

Gelbnasenalbatros	Thalassarche chlororhynchos	Yellow-nosed Albatross
Salvinalbatros	Thalassarche salvini	Salvin's Albatross

Schwarzbrauenalbatros — Thalassarche melanophris — Black-browed Albatross
Wanderalbatros — Diomedea exulans — Wandering Albatross

Procellariidae

Riesensturmvogel — Macronectes giganteus — Southern Giant-Petrel
Kapsturmvogel — Daption capense — Cape Petrel
Langflügel-Sturmvogel — Pterodroma macroptera — Great-winged Petrel
Weichfeder-Sturmvogel — Pterodroma mollis — Soft-plumaged Petrel
Barausturmvogel — Pterodroma baraui — Barau's Petrel
Großer Entensturmvogel — Pachyptila vittata — Broad-billed Prion
Kleiner Entensturmvogel — Pachyptila salvini — Salvin's Prion
Bulwersturmvogel — Bulweria bulwerii — Bulwer's Petrel
Jouaninsturmvogel — Bulweria fallax — Jouanin's Petrel
Gelbschnabelsturmtaucher — Calonectris diomedea — Cory's Shearwater
Blassfuß-Sturmtaucher — Ardenna carneipes — Flesh-footed Shearwater
Keilschwanz-Sturmtaucher — Ardenna pacifica — Wedge-tailed Shearwater
Tropensturmtaucher — Puffinus bailloni — Tropical Shearwater

Hydrobatidae

Buntfuß-Sturmschwalbe — Oceanites oceanicus — Wilson's Storm-Petrel
Weißgesicht-Sturmschwalbe — Pelagodroma marina — White-faced Storm-Petrel
Weißbauch-Sturmschwalbe — Fregetta grallaria — White-bellied Storm-Petrel
Schwarzbauch-Sturmschwalbe — Fregetta tropica — Black-bellied Storm-Petrel

Phaethontidae

Weißschwanz-Tropikvogel — Phaethon lepturus — White-tailed Tropicbird
Rotschnabel-Tropikvogel — Phaethon aethereus — Red-billed Tropicbird
Rotschwanz-Tropikvogel — Phaethon rubricauda — Red-tailed Tropicbird

Ciconiidae

Mohrenklaffschnabel — Anastomus lamelligerus — African Openbill
Nimmersatt — Mycteria ibis — Yellow-billed Stork

Fregatidae

Arielfregattvogel — Fregata ariel — Lesser Frigatebird
Bindenfregattvogel — Fregata minor — Great Frigatebird

Sulidae

Maskentölpel — Sula dactylatra — Masked Booby
Weißbauchtölpel — Sula leucogaster — Brown Booby
Rotfußtölpel — Sula sula — Red-footed Booby

Phalacrocoracidae

Riedscharbe	Microcarbo africanus	Long-tailed Cormorant

Anhingidae

Afrika-Schlangenhalsvogel	Anhinga rufa	African Darter

Pelecanidae

Rötelpelikan	Pelecanus rufescens	Pink-backed Pelican

Scopidae

Hammerkopf	Scopus umbretta	Hamerkop

Ardeidae

Zwergdommel	Ixobrychus minutus	Little Bittern
Graureiher	Ardea cinerea	Gray Heron
Schwarzhalsreiher	Ardea melanocephala	Black-headed Heron
Madagaskarreiher	Ardea humbloti	Humblot's Heron
Purpurreiher	Ardea purpurea	Purple Heron
Silberreiher	Ardea alba	Great Egret
Seidenreiher	Egretta garzetta	Little Egret
Küstenreiher	Egretta gularis	Western Reef-Heron
Glockenreiher	Egretta ardesiaca	Black Heron
Kuhreiher	Bubulcus ibis	Cattle Egret
Rallenreiher	Ardeola ralloides	Squacco Heron
Dickschnabelreiher	Ardeola idae	Madagascar Pond-Heron
Mangrovereiher	Butorides striata	Striated Heron
Nachtreiher	Nycticorax nycticorax	Black-crowned Night-Heron

Threskiornithidae

Sichler	Plegadis falcinellus	Glossy Ibis
Schopfibis	Lophotibis cristata	Madagascar Ibis
Heiliger Ibis	Threskiornis aethiopicus	Sacred Ibis
Afrikanischer Löffler	Platalea alba	African Spoonbill

Accipitridae

Gleitaar	Elanus caeruleus	Black-shouldered Kite
Höhlenweihe	Polyboroides typus	African Harrier-Hawk
Madagaskarhöhlenweihe	Polyboroides radiatus	Madagascar Harrier-Hawk
Schlangenhabicht	Eutriorchis astur	Madagascar Serpent-Eagle
Lemurenweih	Aviceda madagascariensis	Madagascar Cuckoo-Hawk

Fledermausaar	Macheiramphus alcinus	Bat Hawk
Schopfadler	Lophaetus occipitalis	Long-crested Eagle
Rohrweihe	Circus aeruginosus	Eurasian Marsh-Harrier
Madagaskarweihe	Circus maillardi	Reunion Harrier
Echsenhabicht	Accipiter francesiae	Frances's Goshawk
Madagaskarsperber	Accipiter madagascariensis	Madagascar Sparrowhawk
Madagaskarhabicht	Accipiter henstii	Henst's Goshawk
Schwarzmilan	Milvus migrans	Black Kite
Madagaskarseeadler	Haliaeetus vociferoides	Madagascar Fish-Eagle
Madagaskarbussard	Buteo brachypterus	Madagascar Buzzard

Mesitornithidae

Kurzfuß-Stelzenralle	Mesitornis variegatus	White-breasted Mesite
Einfarb-Stelzenralle	Mesitornis unicolor	Brown Mesite
Moniasstelzenralle	Monias benschi	Subdesert Mesite

Rallidae

Wachtelkönig	Crex crex	Corn Crake
Madagaskarralle	Rallus madagascariensis	Madagascar Rail
Cuvierralle	Dryolimnas cuvieri	White-throated Rail
Tüpfelsumpfhuhn	Porzana porzana	Spotted Crake
Kleines Sumpfhuhn	Zapornia parva	Little Crake
Zwergsumpfhuhn	Zapornia pusilla	Baillon's Crake
Malegassenkielralle	Zapornia olivieri	Sakalava Rail
Bronzesultanshuhn	Porphyrio alleni	Allen's Gallinule
Smaragdhuhn	Porphyrio madagascariensis	African Swamphen
Teichhuhn	Gallinula chloropus	Eurasian Moorhen
Kammbläßhuhn	Fulica cristata	Red-knobbed Coot

Sarothruridae

Graukehlralle	Canirallus kioloides	Madagascar Wood-Rail
Tsingyralle	Canirallus beankaensis	Tsingy Wood-Rail
Hovaralle	Sarothrura insularis	Madagascar Flufftail
Lemurenralle	Sarothrura watersi	Slender-billed Flufftail

Recurvirostridae

Stelzenläufer	Himantopus himantopus	Black-winged Stilt
Säbelschnäbler	Recurvirostra avosetta	Pied Avocet

Charadriidae

Kiebitzregenpfeifer	Pluvialis squatarola	Black-bellied Plover

Tundra-Goldregenpfeifer	Pluvialis fulva	Pacific Golden-Plover
Mongolenregenpfeifer	Charadrius mongolus	Lesser Sand-Plover
Wüstenregenpfeifer	Charadrius leschenaultii	Greater Sand-Plover
Hirtenregenpfeifer	Charadrius pecuarius	Kittlitz's Plover
Sandregenpfeifer	Charadrius hiaticula	Common Ringed Plover
Madagaskarregenpfeifer	Charadrius thoracicus	Madagascar Plover
Flußregenpfeifer	Charadrius dubius	Little Ringed Plover
Dreiband-Regenpfeifer	Charadrius tricollaris	Three-banded Plover
Weißstirn-Regenpfeifer	Charadrius marginatus	White-fronted Plover

Rostratulidae

Goldschnepfe	Rostratula benghalensis	Greater Painted-Snipe

Jacanidae

Madagaskarblatthühnchen	Actophilornis albinucha	Madagascar Jacana

Scolopacidae

Regenbrachvogel	Numenius phaeopus	Whimbrel
Großer Brachvogel	Numenius arquata	Eurasian Curlew
Uferschnepfe	Limosa limosa	Black-tailed Godwit
Pfuhlschnepfe	Limosa lapponica	Bar-tailed Godwit
Steinwälzer	Arenaria interpres	Ruddy Turnstone
Kampfläufer	Calidris pugnax	Ruff
Spitzschwanz-Strandläufer	Calidris acuminata	Sharp-tailed Sandpiper
Sichelstrandläufer	Calidris ferruginea	Curlew Sandpiper
Sanderling	Calidris alba	Sanderling
Zwergstrandläufer	Calidris minuta	Little Stint
Grasläufer	Calidris subruficollis	Buff-breasted Sandpiper
Graubrust-Strandläufer	Calidris melanotos	Pectoral Sandpiper
Madagaskarbekassine	Gallinago macrodactyla	Madagascar Snipe
Terekwasserläufer	Xenus cinereus	Terek Sandpiper
Odinshühnchen	Phalaropus lobatus	Red-necked Phalarope
Flußuferläufer	Actitis hypoleucos	Common Sandpiper
Grünschenkel	Tringa nebularia	Common Greenshank
Teichwasserläufer	Tringa stagnatilis	Marsh Sandpiper
Bruchwasserläufer	Tringa glareola	Wood Sandpiper

Turnicidae

Schwarzkehl-Laufhühnchen	Turnix nigricollis	Madagascar Buttonquail

Dromadidae
Reiherläufer | Dromas ardeola | Crab Plover

Glareolidae
Madagaskarbrachschwalbe | Glareola ocularis | Madagascar Pratincole

Stercorariidae
Antarktikskua | Stercorarius maccormicki | South Polar Skua
Subantarktikskua | Stercorarius antarcticus | Brown Skua
Spatelraubmöwe | Stercorarius pomarinus | Pomarine Jaeger

Laridae
Graukopfmöwe | Chroicocephalus cirrocephalus | Gray-hooded Gull
Hemprichmöwe | Ichthyaetus hemprichii | Sooty Gull
Dominikanermöwe | Larus dominicanus | Kelp Gull
Noddi | Anous stolidus | Brown Noddy
Schlankschnabelnoddi | Anous tenuirostris | Lesser Noddy
Rußseeschwalbe | Onychoprion fuscatus | Sooty Tern
Zügelseeschwalbe | Onychoprion anaethetus | Bridled Tern
Zwergseeschwalbe | Sternula albifrons | Little Tern
Orientseeschwalbe | Sternula saundersi | Saunders's Tern
Lachseeschwalbe | Gelochelidon nilotica | Gull-billed Tern
Raubseeschwalbe | Hydroprogne caspia | Caspian Tern
Trauerseeschwalbe | Chlidonias niger | Black Tern
Weißflügel-Seeschwalbe | Chlidonias leucopterus | White-winged Tern
Weißbart-Seeschwalbe | Chlidonias hybrida | Whiskered Tern
Rosenseeschwalbe | Sterna dougallii | Roseate Tern
Schwarznacken-Seeschwalbe | Sterna sumatrana | Black-naped Tern
Flußseeschwalbe | Sterna hirundo | Common Tern
Eilseeschwalbe | Thalasseus bergii | Great Crested Tern
Brandseeschwalbe | Thalasseus sandvicensis | Sandwich Tern
Rüppellseeschwalbe | Thalasseus bengalensis | Lesser Crested Tern

Pteroclidae
Madagaskarflughuhn | Pterocles personatus | Madagascar Sandgrouse

Columbidae
Felsentaube | Columba livia | Rock Pigeon
Madagaskarturteltaube | Streptopelia picturata | Madagascar Turtle-Dove
Kaptäubchen | Oena capensis | Namaqua Dove
Sperbertäubchen | Geopelia striata | Zebra Dove

Graunasen-Grüntaube	Treron australis	Madagascar Green-Pigeon
Madagaskarfruchttaube	Alectroenas madagascariensis	Madagascar Blue-Pigeon

Cuculidae

Schopfseidenkuckuck	Coua cristata	Crested Coua
Breitschopf-Seidenkuckuck	Coua verreauxi	Verreaux's Coua
Blau-Seidenkuckuck	Coua caerulea	Blue Coua
Rostkappen-Seidenkuckuck	Coua ruficeps	Red-capped Coua
Rotstirn-Seidenkuckuck	Coua reynaudii	Red-fronted Coua
Coquerel-Seidenkuckuck	Coua coquereli	Coquerel's Coua
Gelbkehl-Seidenkuckuck	Coua cursor	Running Coua
Riesen-Seidenkuckuck	Coua gigas	Giant Coua
Delalande-Seidenkuckuck	Coua delalandei	Snail-eating Coua
Rotbrust-Seidenkuckuck	Coua serriana	Red-breasted Coua
Tulukuckuck	Centropus toulou	Madagascar Coucal
Dickschnabelkuckuck	Pachycoccyx audeberti	Thick-billed Cuckoo
Madagaskarkuckuck	Cuculus rochii	Madagascar Cuckoo

Tytonidae

Schleiereule	Tyto alba	Barn Owl
Malegasseneule	Tyto soumagnei	Madagascar Red Owl

Strigidae

Afrika-Zwergohreule	Otus senegalensis	African Scops-Owl
Madagaskar-Zwergohreule	Otus rutilus	Malagasy Scops-Owl
Torotoroka-Zwergohreule	Otus madagascariensis	Torotoroka Scops-Owl
Madagaskar-Waldohreule	Asio madagascariensis	Madagascar Long-eared Owl
Kapohreule	Asio capensis	Marsh Owl
Madagaskarkauz	Ninox superciliaris	White-browed Owl

Caprimulgidae

Halsband-Nachtschwalbe	Gactornis enarratus	Collared Nightjar
Madagaskarnachtschwalbe	Caprimulgus madagascariensis	Madagascar Nightjar

Apodidae

Malegassensegler	Zoonavena grandidieri	Malagasy Spinetail
Alpensegler	Apus melba	Alpine Swift
Kapsegler	Apus barbatus	African Swift
Madagaskarsegler	Apus balstoni	Madagascar Swift
Haussegler	Apus affinis	Little Swift

Palmensegler	Cypsiurus parvus	African Palm-Swift

Leptosomidae
Kurol	Leptosomus discolor	Cuckoo-Roller

Upupidae
Wiedehopf	Upupa epops	Eurasian Hoopoe
Madagaskarwiedehopf	Upupa marginata	Madagascar Hoopoe

Alcedinidae
Haubenzwergfischer	Corythornis cristatus	Malachite Kingfisher
Malegassenzwergfischer	Corythornis vintsioides	Malagasy Kingfisher
Madagaskarzwergfischer	Corythornis madagascariensis	Madagascar Pygmy-Kingfisher

Meropidae
Madagaskarspint	Merops superciliosus	Madagascar Bee-eater
Bienenfresser	Merops apiaster	European Bee-eater

Coraciidae
Zimtracke	Eurystomus glaucurus	Broad-billed Roller

Brachypteraciidae
Bindenerdracke	Brachypteracias leptosomus	Short-legged Ground-Roller
Schuppenerdracke	Brachypteracias squamiger	Scaly Ground-Roller
Blaukopf-Erdracke	Atelornis pittoides	Pitta-like Ground-Roller
Lätzchenerdracke	Atelornis crossleyi	Rufous-headed Ground-Roller
Langschwanz-Erdracke	Uratelornis chimaera	Long-tailed Ground-Roller

Falconidae
Madagaskarfalke	Falco newtoni	Madagascar Kestrel
Bindenfalke	Falco zoniventris	Banded Kestrel
Eleonorenfalke	Falco eleonorae	Eleonora's Falcon
Schieferfalke	Falco concolor	Sooty Falcon
Wanderfalke	Falco peregrinus	Peregrine Falcon

Psittaculidae
Vasapapagei	Mascarinus vasa	Greater Vasa-Parrot
Rabenpapagei	Mascarinus niger	Lesser Vasa-Parrot
Grauköpfchen	Agapornis canus	Gray-headed Lovebird

Philepittidae

Seidenjala	Philepitta castanea	Velvet Asity
Gelbbauchjala	Philepitta schlegeli	Schlegel's Asity
Langschnabel-Nektarjala	Neodrepanis coruscans	Sunbird Asity
Kurzschnabel-Nektarjala	Neodrepanis hypoxantha	Yellow-bellied Asity

Vangidae

Braunstirnnewtonie	Newtonia archboldi	Archbold's Newtonia
Rostbauchnewtonie	Newtonia brunneicauda	Common Newtonia
Olivbauchnewtonie	Newtonia amphichroa	Dark Newtonia
Fanovananewtonie	Newtonia fanovanae	Red-tailed Newtonia
Bülbülvanga	Tylas eduardi	Tylas Vanga
Rotschwanzvanga	Calicalicus madagascariensis	Red-tailed Vanga
Rotschultervanga	Calicalicus rufocarpalis	Red-shouldered Vanga
Korallenschnabelvanga	Hypositta corallirostris	Nuthatch-Vanga
Elstervanga	Leptopterus chabert	Chabert Vanga
Crossleytimalie	Mystacornis crossleyi	Crossley's Vanga
Blauvanga	Cyanolanius madagascarinus	Blue Vanga
Hakenschnabelvanga	Vanga curvirostris	Hook-billed Vanga
Wardschnäpper	Pseudobias wardi	Ward's Flycatcher
Rotvanga	Schetba rufa	Rufous Vanga
Helmvanga	Euryceros prevostii	Helmet Vanga
Schwarzvanga	Oriolia bernieri	Bernier's Vanga
Sichelschnabelvanga	Falculea palliata	Sickle-billed Vanga
Weißkopfvanga	Artamella viridis	White-headed Vanga
Pollenvanga	Xenopirostris polleni	Pollen's Vanga
Schmalschnabelvanga	Xenopirostris xenopirostris	Lafresnaye's Vanga
Van-Dam-Vanga	Xenopirostris damii	Van Dam's Vanga

Campephagidae

Madagaskarraupenfänger	Coracina cinerea	Ashy Cuckooshrike

Oriolidae

Pirol	Oriolus oriolus	Eurasian Golden Oriole

Dicruridae

Madagaskardrongo	Dicrurus forficatus	Crested Drongo

Monarchidae

Rotbrust-Paradiesschnäpper	Terpsiphone mutata	Madagascar Paradise-Flycatcher

Corvidae

Glanzkrähe	Corvus splendens	House Crow
Schildrabe	Corvus albus	Pied Crow

Alaudidae

Hovalerche	Eremopterix hova	Madagascar Lark

Hirundinidae

Braunkehl-Uferschwalbe	Riparia paludicola	Plain Martin
Uferschwalbe	Riparia riparia	Bank Swallow
Maskarenenschwalbe	Phedina borbonica	Mascarene Martin
Rauchschwalbe	Hirundo rustica	Barn Swallow

Pycnonotidae

Madagaskar-Rotschnabelbülbül	Hypsipetes madagascariensis	Madagascar Bulbul

Acrocephalidae

Tsikiritybuschsänger	Nesillas typica	Madagascar Brush-Warbler
Lantzbuschsänger	Nesillas lantzii	Subdesert Brush-Warbler
Madagaskarrohrsänger	Acrocephalus newtoni	Madagascar Swamp-Warbler

Locustellidae

Madagaskarbuschsänger	Bradypterus brunneus	Brown Emu-tail
Madagaskargrassänger	Amphilais seebohmi	Gray Emu-tail

Bernieridae

Weißkehlfoditany	Oxylabes madagascariensis	White-throated Oxylabes
Gmelinbülbül	Bernieria madagascariensis	Long-billed Bernieria
Madagaskarsänger	Cryptosylvicola randrianasoloi	Cryptic Warbler
Keilschwanztimalie	Hartertula flavoviridis	Wedge-tailed Jery
Kiritikabuschsänger	Thamnornis chloropetoides	Thamnornis
Gelbbrauenfoditany	Crossleyia xanthophrys	Yellow-browed Oxylabes
Kurzschnabelbülbül	Xanthomixis zosterops	Spectacled Tetraka
Appertbülbül	Xanthomixis apperti	Appert's Tetraka
Sianakabülbül	Xanthomixis tenebrosa	Dusky Tetraka
Grauscheitelbülbül	Xanthomixis cinereiceps	Gray-crowned Tetraka
Randsänger	Randia pseudozosterops	Rand's Warbler

Cisticolidae

Graunackentimalie	Neomixis tenella	Common Jery
Grüntimalie	Neomixis viridis	Green Jery

Streifenkehltimalie	Neomixis striatigula	Stripe-throated Jery
Madagaskarzistensänger	Cisticola cherina	Madagascar Cisticola

Zosteropidae

Madagaskarbrillenvogel	Zosterops maderaspatanus	Madagascar White-eye

Muscicapidae

Madagaskardajal	Copsychus albospecularis	Madagascar Magpie-Robin
Madagaskarrötel	Monticola sharpei	Forest Rock-Thrush
Dünenrötel	Monticola imerina	Littoral Rock-Thrush
Afrikanisches Schwarzkehlchen	Saxicola torquatus	African Stonechat
Steinschmätzer	Oenanthe oenanthe	Northern Wheatear

Sturnidae

Lappenstar	Creatophora cinerea	Wattled Starling
Hirtenmaina	Acridotheres tristis	Common Myna
Madagaskarstar	Hartlaubius auratus	Madagascar Starling

Nectariniidae

Malegassennektarvogel	Cinnyris sovimanga	Souimanga Sunbird
Stahlnektarvogel	Cinnyris notatus	Madagascar Sunbird

Motacillidae

Madagaskarstelze	Motacilla flaviventris	Madagascar Wagtail

Passeridae

Haussperling	Passer domesticus	House Sparrow

Ploceidae

Grünweber	Ploceus nelicourvi	Nelicourvi Weaver
Sakalavaweber	Ploceus sakalava	Sakalava Weaver
Madagaskarweber	Foudia madagascariensis	Red Fody
Komorenweber	Foudia eminentissima	Red-headed Fody
Rothschildweber	Foudia omissa	Forest Fody

Estrildidae

Wellenastrild	Estrilda astrild	Common Waxbill
Zwergelsterchen rwinnandu	Lonchura nana americana	Madagascar Munia

Quellen:

https://avibase.bsc-eoc.org/checklist
Alle Vögel der Welt - Die komplette Checkliste aller Arten und Unterarten (ISBN-13: 978-3-7347-4407-5)
African Bird Club Bulletin. http://www.africanbirdclub.org/bulletins/index [Species records]
Atkinson, P.W. & Caddick, J.A. (2013) Checklists of the birds of Africa. Downloaded from www.africanbirdclub.orghttp://www.africanbirdclub.org/countries/checklists/download [Distribution]
Cornell Lab of Ornithology. 2011-2016. eBird. http://www.ebird.org/ [Species records]
del Hoyo, Josep (ed.), Elliott, A (ed.), Sargatal, J (ed.) (vol. 1?7), and Christie, DA (ed.) (vol. 8?16). 1992?2013. Handbook of the Birds of the World. Lynx Edicions. http://www.hbw.com/ [Synonyms]
http://www.africanbirdclub.org/countries/checklists/ [Distribution]
. Sinclair and O. Landgrand. 2003. Birds of the Indian Ocean Islands: Madagascar, Mauritius, Réunion, Rodrigues, Seychelles and the Comoros [Distribution]
Sibagu: Bird Names in Oriental Languages. http://sibagu.com/ [Synonyms]

Weitere Bücher aus der fotolulu-Taschenbuchserie

Birds of Costa Rica

Birds of Argentinien

Birds of Südafrika

Birds of Madagaskar

Birds of Kuba

Birds of Sri Lanka

Birds of Iceland

Birds of Seychellen

Birds of Deutschland

Birds of Florida & Bahamas

Diese Bücher sind erhältlich bei BoD (Books on Demand):
https://www.bod.de